Test Deutsch als Fremdsprache

Musterprüfung 5

herausgegeben vom TestDaF-Institut

Hueber Verlag

Quellenverzeichnis

Seite 14: Text nach: „Vergessen? Vergiss es!" von Sabine Etzold, Die ZEIT, Nr. 40, 25.9.2003, S. 35 f.

Seite 37: nach Informationen des Statistischen Bundesamtes, Wiesbaden, 2009

Seite 46: nach Informationen des HIS Hochschul-Informations-System, 2007

Seite 52: nach Informationen aus: Herwig Birg, Die demographische Zeitenwende, C.H.Beck, 4. Auflage, 2005

Seite 64/ 65: Text frei nach: Deutschlandradio, Campus und Karriere, 26.2.2001, „Semesterferien auf der Alp" und Web-Seite http://www.zalp.ch, mit freundlicher Genehmigung von Prof. Dr. Günter Spatz

Seite 66/ 67: Text frei nach: SWR 2 Wissen, Sendung vom 29.10.2003, „Beheizbare Jacken und massierende Hemden – Ingenieure und Modeschöpfer erfinden „intelligente Kleidung", mit freundlicher Genehmigung von Dörte Winkler

3. 2. 1.   Die letzten Ziffern
2014 13 12 11 10   bezeichnen Zahl und Jahr des Druckes.
Alle Drucke dieser Auflage können, da unverändert,
nebeneinander benutzt werden.
1. Auflage
© 2010 Hueber Verlag, 85737 Ismaning, Deutschland
Layout: raphael weber, Recklinghausen
Umschlagfotos: Studenten beim Lernen: © Corbis/ Inspirestock
          Studenten im Hof: © PhotoDisc
Druck und Bindung: Ludwig Auer GmbH, Donauwörth
Printed in Germany
ISBN 978–3–19–201699–8

Test Deutsch als Fremdsprache

Mit der „Musterprüfung 5" schließen Hueber Verlag und TestDaF-Institut die Veröffentlichung von Originalaufgaben des Tests Deutsch als Fremdsprache – kurz: TestDaF – vorerst ab. Fünf Original-Testsätze, die alle sorgfältig erprobt sind, in ihrer Qualität überprüft und in der Praxis von mehreren Tausend Teilnehmenden bearbeitet wurden, garantieren eine zielgerichtete, umfassende und intensive Vorbereitung auf den TestDaF.

Mit einem erfolgreich bestandenen TestDaF fängt das Studium in Deutschland an. Eine gute Beherrschung der deutschen Sprache ist der erste Schritt zu einem Studienplatz in Deutschland und die Grundlage für einen erfolgreichen Abschluss.

Das Heft umfasst alle vier Prüfungsteile des TestDaF:

- Leseverstehen
- Hörverstehen
- Schriftlicher Ausdruck
- Mündlicher Ausdruck

Die Audio-CD enthält die Aufnahmen für die drei Aufgaben des Prüfungsteils Hörverstehen und die sieben Aufgaben des Prüfungsteils Mündlicher Ausdruck. Der Anhang besteht aus den Transkriptionen der gesprochenen Texte der CD sowie den Lösungen der beiden rezeptiven Prüfungsteile Lese- und Hörverstehen.

Die Aufgaben der Musterprüfungen vermitteln Ihnen eine genaue Kenntnis des Testformats. Diese Vorbereitung gibt Ihnen Sicherheit für die Prüfung. Der Erfolg beim TestDaF hängt jedoch vor allem davon ab, ob Ihre Fähigkeiten in der deutschen Sprache schon „studiertauglich", also auf den Niveaustufen B2 und C1 des Gemeinsamen europäischen Referenzrahmens für Sprachen sind.

Ergänzende Vorbereitungsmöglichkeiten für den TestDaF sind auf der Internetseite des TestDaF-Instituts zusammengestellt:

- Das TestDaF-Institut hat für alle, die sich im Selbststudium vorbereiten, auf www.testdaf.de unter „Infos für Teilnehmende" „Hinweise und Tipps" zur Bearbeitung aller Testaufgaben zusammengestellt.
- Die Deutsch-Uni Online (DUO) bietet Ihnen – auch in Verbindung mit „Schritte international" aus dem Hueber Verlag – umfangreiche Online-Vorbereitungskurse auf das Studium in Deutschland an, bei denen Sie zusätzlich von geschulten Tutoren beraten und beim Lernen unterstützt werden: www.deutsch-uni.com.
- Zu den Online-Kursen finden Sie im Programm des Hueber Verlags „Fit für den TestDaF", eine Gemeinschaftsproduktion der Ludwig-Maximilians-Universität München, des Goethe-Instituts und des TestDaF-Instituts.
- An vielen Testzentren können Sie Vorbereitungs- oder Trainingskurse besuchen, wenn Sie Ihr Deutsch noch verbessern müssen oder den TestDaF genauer kennenlernen wollen.
- Weltweit können Sie sich an DAAD-Lektoraten beraten lassen und sich an vielen Goethe-Instituten auf den TestDaF vorbereiten. DAAD und Goethe-Institut gehören zusammen mit der Hochschulrektorenkonferenz und mehreren Hochschulen zu den Trägern des TestDaF-Instituts.
- Testaufgaben lassen sich ebenfalls bei www.godaf.de bestellen.
- Wer im Tandem mit Muttersprachlern lernen möchte, kann sich darüber auf der Webseite www.slf.ruhr-uni-bochum.de/help/exams/td-de.html informieren.

Ausführliche Informationen zum TestDaF, zur Anmeldung, zum Ablauf der Prüfung und zu den Prüfungsregeln sind für Sie auf der Internetseite www.testdaf.de zusammengestellt. Persönliche Beratung erhalten Sie in jedem Testzentrum.

Das TestDaF-Institut wünscht Ihnen für die Prüfung und Ihr Studium viel Erfolg.

Dr. Hans-Joachim Althaus
Leiter des TestDaF-Instituts

Bitte lesen Sie diese Informationen zur Prüfung TestDaF

Liebe Teilnehmerin, lieber Teilnehmer,

Sie haben sich entschieden, den TestDaF abzulegen. Ziel dieser Prüfung ist es, Ihren sprachlichen Leistungsstand für ein Studium an einer Hochschule in Deutschland einzustufen.

Die Prüfung besteht aus vier Teilen:

1. Leseverstehen	Sie bearbeiten 3 Lesetexte mit 30 Aufgaben. Bearbeitungszeit: 60 Minuten (inkl. 10 Minuten Übertragungszeit)
2. Hörverstehen	Sie bearbeiten 3 Hörtexte mit 25 Aufgaben. Bearbeitungszeit: 40 Minuten (inkl. 10 Minuten Übertragungszeit)
3. Schriftlicher Ausdruck	Sie schreiben einen Text zu einem bestimmten Thema. Bearbeitungszeit: 60 Minuten (+ 5 Minuten Anleitung)
4. Mündlicher Ausdruck	Sie bearbeiten 7 Aufgaben, d.h. Sie sprechen in 7 verschiedenen Situationen. Bearbeitungszeit: 30 Minuten (+ ca. 5 Minuten Anleitung)

Bitte verwenden Sie bei der Bearbeitung der Aufgaben einen **schwarzen oder blauen Kugelschreiber**.

Zu den Prüfungsteilen „Leseverstehen" und „Hörverstehen" erhalten Sie jeweils ein Antwortblatt. Am Ende der Prüfungsteile „Leseverstehen" und „Hörverstehen" haben Sie jeweils 10 Minuten Zeit, um Ihre Antworten auf die Antwortblätter zu übertragen. **Nur Lösungen auf den Antwortblättern werden gewertet.**

Bleiben Sie nicht zu lange bei einer Aufgabe, die Sie nicht lösen können.

Wir wünschen Ihnen viel Erfolg!

Leseverstehen

Musterprüfung 5

Zeit: 60 Minuten
Inklusive 10 Minuten für die Übertragung der Lösungen

Zum Prüfungsteil „Leseverstehen" erhalten Sie ein **Antwortblatt**.

Am Ende des Prüfungsteils haben Sie 10 Minuten Zeit, um Ihre Lösungen auf das
Antwortblatt zu übertragen.

Nur Lösungen auf dem Antwortblatt werden gewertet.

Achten Sie bitte darauf, das Antwortblatt korrekt auszufüllen. Hierzu finden Sie genaue Anweisungen auf dem
Antwortblatt.

Seite 4	Musterprüfung 5	Leseverstehen
Lesetext 1: Aufgaben 1–10		ca. 10 Min.

Internetseiten für Literaturfreunde

Sie suchen für einige Bekannte eine passende Internetseite. Schreiben Sie den Buchstaben für die passende Internetseite in das Kästchen rechts. Jede Internetseite kann nur einmal gewählt werden. Es gibt nicht für jede Person eine geeignete Webseite. Gibt es für eine Person keine passende Internetseite, dann schreiben Sie den Buchstaben *I.*
Die Webseite im Beispiel kann nicht mehr gewählt werden.

Sie suchen eine Webseite für ...

(01)	... eine Abiturientin, die zur Entspannung einen interessanten Roman lesen möchte.	**A**	(01)
(02)	... eine Freundin, die Reiseinformationen über Paris braucht.	*I*	(02)
1	... eine Studentin, die Kontakt mit einer französischen Hochschule aufnehmen möchte.		1
2	... einen Studenten, der möglichst aktuelle Daten über einen französischen Autor sucht.		2
3	... eine Freundin, die einen wertvollen englischsprachigen Gedichtband aus dem Jahr 1920 kaufen möchte.		3
4	... den Mitarbeiter eines Verlags, der neue deutschsprachige Schriftsteller sucht.		4
5	... einen Französischlehrer, der alte französische Texte online lesen möchte.		5
6	... eine Studentin, die sich für die moderne italienische Lyrik interessiert.		6
7	... einen Germanistikstudenten, der seine selbst geschriebenen Gedichte veröffentlichen möchte.		7
8	... eine Studentin aus England, die sich für Literaturübersetzung interessiert.		8
9	... einen Studenten, der eine Seminararbeit über einen italienischen Schriftsteller des 18. Jahrhunderts schreibt.		9
10	... eine Studentin, die eine Textstelle aus einem US-amerikanischen Roman im Internet nachlesen möchte.		10

Internetseiten für Literaturfreunde

A

Wie findet man das richtige Buch für die Ferien? Bei *www.querlesen.de* gibt es eine Liste interessanter deutschsprachiger Bücher von bekannten und weniger bekannten modernen Autoren. Zu jedem Buch gibt es eine kurze Inhaltsangabe. Man kann auch z. B. Geschichten aus einem bestimmten Land oder Romane zu einem besonderen Thema suchen. Für jeden ist etwas dabei.

B

Das Literaturhaus Stuttgart möchte aktuelle Literatur bekannt machen. Es organisiert Lesungen mit bekannten und unbekannten Autoren aus Deutschland, der Schweiz und Österreich. Außerdem gibt es dort Diskussionsveranstaltungen und Ausstellungen. Das aktuelle Programm steht auf der Internetseite des Literaturhauses. Dort gibt es auch Informationen zu den einzelnen Autoren. *www.literaturhaus-stuttgart.de*

C

Sie sind auf der Suche nach einem Buch, das im Buchhandel nicht mehr erhältlich ist? Dann schauen Sie doch im „Zentralen Verzeichnis Antiquarischer Bücher" (ZVAB) nach. Dort finden Sie mehr als 900 Buchhändler, die alte Bücher verkaufen. Sie bieten über 4,1 Millionen Bücher an. Das billigste Buch kostet € 2, das teuerste € 2.250. Die Titel sind nach Namen des Autors und nach Preis sortiert. *www.zvab.com*

D

Sie suchen einen bestimmten Textausschnitt oder ein Zitat? Wenn Sie über einen Internetanschluss verfügen und Englisch beherrschen, dann ist die Seite „The Online Books Page" empfehlenswert. Dort gibt es mehr als 14.000 englischsprachige elektronische Bücher. Hier kann man gezielt bestimmte Textausschnitte suchen und online lesen. *www.online-books.library.upenn.edu*

E

Für Romanistikstudierende ist die Webseite *www.info-romanistik.de* interessant. Dort gibt es ausführliche Informationen zum Thema „Romanistik im Internet" und zur Romanistik an Universitäten in Frankreich. Hier findet man Adressen und Namen von DozentInnen an unterschiedlichen Universitäten. Außerdem enthält die Seite zahlreiche Links zu französischer und italienischer Fachliteratur.

F

Für (noch) unbekannte junge Autorinnen und Autoren gibt es jetzt eine sehr nützliche Webseite. Unter *www.literature.de* findet man Antworten zu so wichtigen Fragen wie: Welche Verlage kommen für mich in Frage? Welche Rechte hat ein Autor? Wie sieht ein Vertrag mit einem Verlag aus? Wo kann man an einem Literatur-Wettbewerb teilnehmen? Die Informationen sind übersichtlich angeordnet, kurz und knapp gehalten, Links führen weiter.

G

www.auteurs.net bietet täglich aktualisiert Informationen über die Literatur- und Kulturszene in Frankreich an. Interviews mit Autoren sind online lesbar, neue französischsprachige Bücher werden vorgestellt. Für Romanistikstudierende ist besonders die kommentierte Linksammlung zu klassischen und zeitgenössischen französischen Autoren empfehlenswert.

H

Wer Italienisch studiert, findet auf der Webseite *www.fauser.it* wichtige Informationen über alte italienische Literatur. Das Leben klassischer Autoren wird vorgestellt. Es gibt viele Informationen zur Literaturgeschichte. Man kann kurze Textausschnitte italienischer Klassiker online lesen. Erklärungen zu unbekannten Wörtern erleichtern die Lektüre der älteren Texte.

Lesen Sie den Text und lösen Sie die Aufgaben.

Die Funktion des Vergessens

Eine besondere Kunst weckt seit Kurzem das Interesse der Gedächtnisforscher: die Kunst des absichtlichen Vergessens. Neue Forschungsergebnisse deuten nämlich darauf hin, dass die Fähigkeit zum absichtlichen Vergessen entscheidend für die Gedächtnisleistung ist. Wer es beherrscht, kann sich Wichtiges besser merken. Wer sich dagegen an alles erinnern will, behält weniger.

Nach allgemeinem Verständnis haben Menschen, die Dinge vergessen, ein schlechtes Gedächtnis. Ein Gedächtnis, in dem alle Informationen aufbewahrt werden hingegen, bezeichnet man als gut. Denn das Vergessen behindert das Lernen und wird daher als Schwäche oder Alterserscheinung bewertet.

Doch nun lehren uns Forscher, dass das Vergessen auch Vorteile hat: Wer Unnützes sofort wieder loslässt, reserviert Speicherplatz für Wichtiges. Nicht auf die Menge der Informationen kommt es an, sondern auf ihre Qualität. Heute weiß man, dass das Gedächtnis nicht beliebig viel Speicherplatz besitzt. Zwar kann das Langzeitgedächtnis nahezu unbegrenzt viele Informationen speichern, doch die Speicherkapazitäten des Kurzzeitgedächtnisses sind begrenzt. Um trotzdem möglichst viele aktuelle Informationen aufnehmen zu können, verfügt das Kurzzeitgedächtnis deshalb über die Fähigkeit des Vergessens.

Wie wichtig das Vergessen ist, zeigen Wissenschaftler durch folgenden Versuch: Zwei Personengruppen im Alter von 20–35 und 60–75 Jahren wurden gebeten, sich an verschiedene Wörter zu erinnern, die ihnen an einem Computer gezeigt wurden. Nach 16 Wörtern behauptete der Versuchsleiter plötzlich, der Computer funktioniere nicht. Deshalb müsse der Versuch mit neuen Wörtern wiederholt werden. Die Versuchspersonen wurden aufgefordert, die alte Wortliste absichtlich zu vergessen und sich stattdessen die neue zu merken.

Nach einer Weile bat der Forscher seine Testteilnehmer aber, sich nun doch an alle Wörter zu erinnern und sie zu notieren. Man erwartete, dass dabei die „vergessenen" Wörter schlechter erinnert werden als die danach gelernten. Das war bei den jüngeren Versuchspersonen

tatsächlich der Fall. Bei den älteren Teilnehmenden dagegen stellte der Forscher keinerlei Unterschied fest. Sie speicherten alle Wörter gleich – und zwar gleich schlecht. Sie konnten offenbar die erste Wörterliste nicht vergessen und sich daher die zweite schlechter merken, denn sie speicherten als wichtig und als unwichtig gekennzeichnete Informationen gleichermaßen. Ältere Menschen können also unbedeutende Informationen nicht so einfach absichtlich vergessen. Dadurch sammeln sie in ihrem Gedächtnis auch Unwichtiges und versperren so den Speicherplatz für Wichtiges.

Noch ist nicht geklärt, wie genau das Vergessen funktioniert. Verschwinden vergessene Informationen für immer, wie einige Forscher meinen? Oder „schlafen" sie irgendwo im Gedächtnis und warten nur darauf, reaktiviert zu werden? Diese Fragen müssen noch geklärt werden, bevor man das bewusste Vergessen z. B. mit einem entsprechenden Gehirntraining einüben kann. Doch einige Hinweise, wie gezieltes Vergessen funktioniert, gibt es bereits: Damit Menschen die Fähigkeit zum absichtlichen Vergessen mit Erfolg einsetzen können, müssen sie innerlich überzeugt sein, dass die entsprechenden Informationen nebensächlich sind. Absichtlich etwa den Namen des Ehepartners zu vergessen, wird kaum funktionieren – auch wenn man sich noch so bemüht.

Zudem konnte die Gedächtnisforschung zeigen, dass die Fähigkeit zum absichtlichen Vergessen nicht in allen Lebensaltern gleich ist. Neuere Untersuchungen konnten nachweisen, dass Kinder sehr viel früher als man bisher glaubte, nämlich schon mit sechs oder sieben, absichtlich vergessen können. Im Erwachsenenalter entwickelt sich diese Fähigkeit und scheint im Alter wieder abzunehmen. Allerdings beziehen sich solche Feststellungen bisher nur auf das Kurzzeitgedächtnis.

Was aber folgt aus diesen Forschungsergebnissen? Lernen Kinder effizienter, wenn sie auch vergessen können? Sollen alte Menschen frühzeitig das Vergessen üben? Die Aussagen der Wissenschaftler dazu sind noch unbestimmt.

Markieren Sie die richtige Antwort (A, B oder C).

(0) Wissenschaftler interessieren sich für den Zusammenhang zwischen

Lösung A

A Erinnerungsvermögen und bewusstem Vergessen.

B Erinnerungsvermögen und künstlerischer Tätigkeit.

C Vergesslichkeit und künstlerischer Leistungsfähigkeit.

11. Generell glaubt man, dass

A es für alte Menschen schwierig ist, Neues zu lernen.

B es von Vorteil ist, sich möglichst viel zu merken.

C man im Alter mehr Gedächtnistraining braucht.

12. Wissenschaftler glauben, dass

A es entscheidend ist, was man vergisst.

B man zu oft wichtige Dinge vergisst.

C man zu viel Unwichtiges lernen muss.

13. Damit das Kurzzeitgedächtnis effektiv arbeiten kann,

A gibt es Informationen an das Langzeitgedächtnis weiter.

B löscht es Informationen.

C muss es kurzfristig viele Informationen speichern.

14. Bei einer Untersuchung mussten die Testpersonen

A gerade gelernte Wörter aus ihrem Gedächtnis löschen.

B unterschiedliche Wortlisten am Computer schreiben.

C zweimal die gleiche Wortliste am Computer lernen.

15. Jüngere Erwachsene hatten sich in dem Versuch

A alle Informationen gleich gut gemerkt.

B die ersten Informationen besser gemerkt.

C die späteren Informationen besser gemerkt.

16. Im Alter verliert das Gedächtnis die Fähigkeit,

A große Mengen neuer Informationen aufzunehmen.

B sich nur das Wesentliche zu merken.

C unwichtige Informationen länger zu speichern.

17. Man weiß bislang nicht genau,

A warum wir bestimmte Dinge vergessen.

B was geschieht, wenn wir etwas vergessen.

C wie vergessene Informationen reaktiviert werden.

18. Eine Voraussetzung für das absichtliche Vergessen ist, dass man

A etwas unwichtig findet.

B sich auf etwas anderes konzentriert.

C sich bewusst bemüht.

19. Die Fähigkeit, gezielt Dinge zu vergessen,

A ist in der frühen Kindheit am größten.

B ist vom Alter des Menschen abhängig.

C nimmt im Laufe des Lebens ständig zu.

20. Die Hauptaussage des Textes ist:

A Ein gutes Gedächtnis muss auch vergessen können.

B Gezieltes Vergessen kann man durch Training lernen.

C Vergesslichkeit ist Teil des Alterungsprozesses.

Lesen Sie den Text und lösen Sie die Aufgaben.

Fragmentierte Landschaft

Über 20.000 größere und ungezählte kleinere Wildtiere werden in der Schweiz pro Jahr überfahren. Straßen und Eisenbahnlinien dienen den Menschen als bequeme Verkehrswege, für viele Arten aus der Tier- und Pflanzenwelt sind sie jedoch unüberwindbare Hindernisse. Aber auch Wohnsiedlungen, Industriezonen und intensiv bewirtschaftete Agrarflächen haben die Landschaft in den vergangenen Jahrzehnten zunehmend in Teile zerstückelt, zwischen denen kaum mehr ein natürlicher Zusammenhang besteht. Diese Fragmentierung der Landschaft trennt nämlich artenreiche Tier- und Pflanzenpopulationen voneinander, blockiert ihre Wanderbewegungen und hindert sie daran, Lebensräume zu besiedeln.

Um die Konsequenzen dieser Zerschneidung von Lebensräumen zu erforschen, verfolgen Wissenschaftler vielerorts das Schicksal von Tieren und Pflanzen in solchen inselartigen Fragmenten. Ihre Forschungen werden jedoch dadurch erschwert, dass sich Fragmente nach Größe, nach Alter und nach Grad der Isolation stark unterscheiden. Durch gezielte Experimente lassen sich diese Faktoren jedoch besser verstehen. So führte 1993 Bruno Baur von der Universität Basel im Jura-Gebirge ein Experiment auf einer Grasfläche mit sogenanntem Magerrasen durch. Magerrasen, auf dem normalerweise artenreiche Lebensgemeinschaften, z. B. durchschnittlich 25 Pflanzenarten auf einer Fläche von 20 mal 20 Zentimetern gedeihen, bietet nämlich ideale Möglichkeiten zur Untersuchung einer Fragmentierung auf kleinstem Raum.

Für den Versuch mähte man großflächig das Gras ab, ließ aber 48 Flächen stehen, die 0,25 bis 20 Quadratmeter groß waren. Die so angelegten Grasinseln waren durch die gemähten Flächen dazwischen voneinander isoliert. Die gemähten Flächen stellten damit für verschiedene Pflanzenarten sowie für viele kleine Tiere eine Barriere dar.

Bereits kurze Zeit nach Beginn des Experiments beobachteten die Wissenschafter, wie zahlreiche Schnecken aus den gemähten Flächen, wo sich die Umweltbedingungen für sie verschlechtert hatten, in die Grasinseln einwanderten. In den folgenden Jahren verschwanden jedoch mehrere Schneckenpopulationen. In fast allen Fällen waren es Populationen, die im Jahr vor dem Aussterben aus zehn oder weniger Individuen bestanden hatten. Kleine Gruppen sind eher vom Aussterben bedroht, weil ihre Chancen zur Fortpflanzung relativ gering sind. Wegen der durch die gemähten Flächen gebildeten Barriere können bestimmte Arten das Fragment nicht wieder besiedeln – der Artenreichtum geht folglich zurück.

Die Fragmentierung beeinflusste auch die Pflanzenwelt. Es zeigte sich, dass in den Grasinseln etwa ein Drittel mehr Pflanzenmasse pro Jahr wuchs und dass vor allem die Pflanzen im Randbereich der Fragmente besser gediehen – vermutlich weil die störenden Nachbarn in den gemähten Flächen fehlten und mehr Licht zur Verfügung stand.

Selbst bei Insekten, wie Hummeln und Schmetterlingen, die zu den mobilsten Bewohnern einer Wiese zählen, wurden Auswirkungen der Fragmentierung beobachtet: Auf der normalen Wiese außerhalb der Versuchsfläche wurden 29 Schmetterlingsarten gezählt, in den Grasinseln jedoch nur 19. Fast die Hälfte der über die gemähten Flächen anfliegenden Schmetterlinge kehrte nämlich nach wenigen Dezimetern in die normale Wiese zurück, ohne die Grasinseln zu erreichen. Auch Hummeln flogen die Grasinseln selten an. Verirrte sich eine Hummel in eine Grasinsel, besuchte sie möglichst alle Blüten, bevor sie über die gemähte Fläche davonflog. Das aber verändert die genetische Vielfalt der Blütenpflanzen. Denn normalerweise fliegen Hummeln nur selten Pflanzen an, die nahe beieinander stehen. Im Fragment jedoch verteilten sie vorwiegend Pollen der Nachbarpflanzen. Dadurch wurde die Fortpflanzung in den Fragmenten derart beeinträchtigt, dass verschiedene Blütenpflanzen weniger und kleinere Samen produzierten als jene auf den normalen Wiesen.

Für die Wissenschaftler steht fest, dass sich das Leben in den Grasinseln stark verändert hat. Der überwiegende Teil der untersuchten Pflanzen- und Tierarten reagierte auf die Fragmentierung. Einige Arten wurden häufiger, andere seltener, und manche starben aus. Die Fragmentierung, wie sie durch Straßenbau und die Ausdehnung der Siedlungs- und Industriegebiete entsteht, ist also mitverantwortlich für das anhaltende Artensterben in unserer Zeit.

Markieren Sie die richtige Antwort.

		Ja	Nein	Text sagt dazu nichts	
(01)	Durch den zunehmenden Verkehr verringert sich die Zahl der Tier- und Pflanzenarten.			X	(01)
(02)	Landwirtschaft, Industrie und Wohnungsbau haben die Landschaft fragmentiert.	X			(02)
21	Durch die Zerschneidung der Landschaft werden Populationen getrennt.				21
22	Die hohe Artendichte auf Magerrasen ermöglicht die Erforschung von kleinen Fragmenten.				22
23	Die gemähten Flächen erleichterten den Austausch der Tier- und Pflanzenpopulationen.				23
24	Viele Schnecken zogen von den gemähten in die ungemähten Flächen.				24
25	Das Überleben einer Schneckenpopulation hängt von ihrer Größe ab.				25
26	Am Rand der Fragmente wuchsen neue Pflanzenarten.				26
27	Schmetterlinge bevorzugten die Grasinseln als Lebensraum.				27
28	Das Verhalten der Hummeln förderte die Fortpflanzung der Blütenpflanzen in den Fragmenten.				28
29	Die meisten Arten waren von den Auswirkungen der Fragmentierung betroffen.				29
30	Der Versuch zeigt, dass die Fragmentierung Tiere stärker beeinträchtigt als Pflanzen.				30

Übertragen Sie jetzt Ihre Lösungen auf das Antwortblatt.

Sie haben **10 Minuten Zeit**, um Ihre Lösungen auf das Antwortblatt zu übertragen.

Das Etikett rechts aufkleben ➤

Etikett

Bitte markieren Sie die richtige Antwort mit einem **– schwarzen oder blauen –** Kugelschreiber!

Markieren Sie so: ☒   **NICHT** SO: ⬚ ☒ ☒ ☑ ⊡

Wenn Sie **korrigieren** möchten, füllen Sie das falsch markierte Feld ganz aus: ■ und markieren dann das richtige Feld: ☒

Lösungen Lesetext 1

	B	C	D	E	F	G	H	I
1	☐	☐	☐	☐	☐	☐	☐	☐
2	☐	☐	☐	☐	☐	☐	☐	☐
3	☐	☐	☐	☐	☐	☐	☐	☐
4	☐	☐	☐	☐	☐	☐	☐	☐
5	☐	☐	☐	☐	☐	☐	☐	☐
6	☐	☐	☐	☐	☐	☐	☐	☐
7	☐	☐	☐	☐	☐	☐	☐	☐
8	☐	☐	☐	☐	☐	☐	☐	☐
9	☐	☐	☐	☐	☐	☐	☐	☐
10	☐	☐	☐	☐	☐	☐	☐	☐

Lösungen Lesetext 2

	A	B	C
11	☐	☐	☐
12	☐	☐	☐
13	☐	☐	☐
14	☐	☐	☐
15	☐	☐	☐
16	☐	☐	☐
17	☐	☐	☐
18	☐	☐	☐
19	☐	☐	☐
20	☐	☐	☐

Lösungen Lesetext 3

	Ja	Nein	Text sagt dazu nichts
21	☐	☐	☐
22	☐	☐	☐
23	☐	☐	☐
24	☐	☐	☐
25	☐	☐	☐
26	☐	☐	☐
27	☐	☐	☐
28	☐	☐	☐
29	☐	☐	☐
30	☐	☐	☐

Hörverstehen

Musterprüfung 5

Zeit: 40 Minuten
Inklusive 10 Minuten für die Übertragung der Lösungen

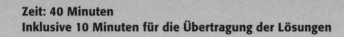

Kein Material auf dieser Seite

Sie hören insgesamt drei Texte.

Die Texte 1 und 2 hören Sie einmal, den Text 3 hören Sie zweimal.

Schreiben Sie Ihre Lösungen zunächst hinter die Aufgaben.

Am Ende des Prüfungsteils „Hörverstehen" haben Sie 10 Minuten Zeit, um Ihre Lösungen auf das **Antwortblatt zu übertragen.**

Sie sind am Bahnhof und hören ein Gespräch zwischen zwei Studierenden.
Sie hören dieses Gespräch **einmal**.

Lesen Sie jetzt die Aufgaben 1–8.

Hören Sie nun den Text. Schreiben Sie beim Hören die Antworten auf die Fragen 1–8.
Notieren Sie Stichwörter.

Exkursion mit dem Professor

(0)	Wo treffen sich Axel und Tina?	(0)	*Am Bahnhof*
1	Warum fährt Tina oft zu ihren Eltern?	1	
2	Wo war Axel während der Woche?	2	
3	Welches Seminar organisierte die Exkursion?	3	
4	Welche Institution hat Axel während der Reise besucht?	4	
5	In welchen Gebäudeteil durfte Axel nicht hinein?	5	
6	Was für ein Referat hat Axel gehört?	6	
7	Wie gefiel Axel das Referat?	7	
8	Was bekamen die Studierenden geschenkt?	8	

TestDaF

Test Deutsch als Fremdsprache

Kein Material auf dieser Seite

Sie hören ein Interview mit drei Gesprächsteilnehmern zum Thema Saisonarbeit auf Schweizer Bergalpen.
Sie hören dieses Interview **einmal**.

Lesen Sie jetzt die Aufgaben 9–18.

Hören Sie nun den Text.
Entscheiden Sie beim Hören, welche Aussagen richtig oder falsch sind.
Markieren Sie die passende Antwort.

Semesterferien in den Bergen

		Richtig	Falsch	
(0)	Viele Schweizer Studierende leisten im Sommer harte Arbeit auf Schweizer Bergalpen.		X	(0)
9	Der Job bei den Schweizer Bergbauern gilt als Praktikum im Landwirtschaftsstudium.			9
10	Olaf Seifert hat die harten Anforderungen trotz allem bewältigt.			10
11	Prof. Spatz arbeitet als Ökologe in den Schweizer Bergen.			11
12	Prof. Spatz findet: Nur wer die Arbeit auf der Alp allein schafft, kann dort arbeiten.			12
13	Prof. Spatz kritisiert, dass die Studierenden sich nicht ausreichend über die Verhältnisse auf der Alp informieren.			13
14	Die Schweizer Bauern könnten ihre Bergweiden ohne die Praktikanten nicht wie bisher bewirtschaften.			14
15	Olaf Seifert hat die Praktikumsstelle durch die Vermittlung eines Mitstudenten bekommen.			15
16	Auch Anfänger finden auf der Alp leicht eine Stelle.			16
17	Man bekommt einen Teil des Gehalts als Essen und Unterkunft.			17
18	Es gibt im Internet eine Stellenbörse für die Arbeit auf den Berghöfen.			18

Sie hören ein Interview mit Frau Hartmann über eine Erfindung von Modeschöpfern und Ingenieuren.
Sie hören dieses Interview **zweimal**.

Lesen Sie jetzt die Aufgaben 19–25.

Hören Sie nun den Text ein erstes Mal.
Beantworten Sie beim Hören die Fragen 19–25 in Stichworten.

„Intelligente Kleidung"

(0)	Welche technischen Geräte möchte man in Kleidungsstücke integrieren?	(0)	z. B. Telefon, Sprachcomputer, PC
19	Vor welcher Schwierigkeit steht man manchmal im beruflichen Alltag?	19	
20	Welchen Schutz könnte elektronisch ausgerüstete Kleidung in bestimmten Arbeitsbereichen bieten?	20	
21	Was ist an den technischen Geräten in der Kleidung noch unbefriedigend?	21	
22	Wodurch wollen Hersteller von Freizeitbekleidung sportlich aktive Menschen ansprechen?	22	
23	Wo soll elektronisch ausgerüstete Kleidung in der Medizin zum Einsatz kommen?	23	
24	Was für Textilien wollen Mediziner und Chemiker gemeinsam entwickeln?	24	
25	Welche Produkte haben besonders gute Verkaufschancen?	25	

Ergänzen Sie jetzt Ihre Stichwörter. Sie hören jetzt den Text ein zweites Mal.
Sie haben nun 10 Minuten Zeit, um Ihre Lösungen auf das Antwortblatt zu übertragen.

Kein Material auf dieser Seite

Sie haben **10 Minuten Zeit**, um Ihre Lösungen auf das Antwortblatt zu übertragen.

Das Etikett rechts aufkleben ⟶

Etikett

Lösungen Hörtext 1

1	
2	
3	
4	
5	
6	
7	
8	

Hier bitte *nicht* schreiben

	r	f	nb
1	☐	☐	☐
2	☐	☐	☐
3	☐	☐	☐
4	☐	☐	☐
5	☐	☐	☐
6	☐	☐	☐
7	☐	☐	☐
8	☐	☐	☐

Lösungen Hörtext 2

	Richtig	Falsch
9	☐	☐
10	☐	☐
11	☐	☐
12	☐	☐
13	☐	☐
14	☐	☐
15	☐	☐
16	☐	☐
17	☐	☐
18	☐	☐

Bitte markieren Sie die richtige Antwort mit einem - **schwarzen oder blauen** - Kugelschreiber!

Markieren Sie so: ⊠

NICHT SO: ⧄ ⊠ ⊠ ☑ ⊡

Wenn Sie **korrigieren** möchten, füllen Sie das falsch markierte Feld ganz aus: ■ und markieren dann das richtige Feld: ⊠

		r	f	nb
19		☐	☐	☐
20		☐	☐	☐
21		☐	☐	☐
22		☐	☐	☐
23		☐	☐	☐
24		☐	☐	☐
25		☐	☐	☐

Hier bitte _nicht_ schreiben

MUSTER

TestDaF
Test Deutsch als Fremdsprache

Schriftlicher Ausdruck

Musterprüfung 5

Zeit: 60 Minuten
Zusätzlich 5 Minuten für die Anleitung

Bitte lesen Sie zuerst diese Anleitung zum Prüfungsteil „Schriftlicher Ausdruck".

Sie sollen einen Text zum Thema „Fremdsprachenunterricht in der Schule" schreiben. Hierbei sollen Sie die Daten einer Tabelle beschreiben und das Thema sachlich diskutieren.

Achten Sie dabei auf Folgendes:

- Schreiben Sie einen zusammenhängenden Text.

- Der Text soll klar gegliedert sein.

- Bearbeiten Sie alle Punkte der Aufgabenstellung.

- Achten Sie auf die Zeit: Für diesen Prüfungsteil haben Sie 60 Minuten Zeit.

- Beschreibung der Tabellen-Daten: Nehmen Sie sich maximal 20 Minuten. Geben Sie die wichtigsten Informationen der Tabelle wieder.

- Argumentation: Nehmen Sie sich nicht mehr als 40 Minuten. Wichtig ist, dass Sie Ihre Argumente begründen.

- Bei der Bewertung Ihrer Leistung ist die Verständlichkeit des Textes wichtiger als die sprachliche Korrektheit.

Schreiben Sie bitte auf den beigefügten Schreibbogen.

Für Entwürfe oder Notizen können Sie das beigefügte Konzeptpapier verwenden.

Gewertet wird nur der Text auf dem Schreibbogen.

Bitte geben Sie am Ende des Prüfungsteils „Schriftlicher Ausdruck" sowohl Ihren Schreibbogen als auch Ihr Konzeptpapier ab.

Wenn der Prüfer Sie auffordert umzublättern und die Aufgabe anzusehen, dann haben Sie noch 60 Minuten Zeit.

Fremdsprachenunterricht in der Schule

Die Länder der Europäischen Union haben beschlossen, dass alle Kinder während ihrer Schulzeit mindestens zwei Fremdsprachen lernen sollen. Deshalb lernen auch in Deutschland alle Schülerinnen und Schüler zwei, manche sogar drei oder vier Fremdsprachen. Allerdings sind nicht alle Fremdsprachen gleichermaßen beliebt.

„Fremdsprachenunterricht in der Schule"

Anzahl der Schülerinnen und Schüler in Deutschland mit Fremdsprachenunterricht in:

	1998	2001	2004	2007
Englisch	6.267.000	6.585.000	7.478.000	7.373.000
Französisch	1.605.000	1.611.000	1.702.000	1.696.000
Russisch	181.000	152.000	132.000	100.000
Spanisch	93.000	131.000	213.000	285.000
Italienisch	33.000	35.000	44.000	53.000

Nach: Statistisches Bundesamt, 2009

Beschreiben und vergleichen Sie,
- welche Fremdsprachen an deutschen Schulen gelernt werden und
- welche Veränderungen seit 1998 zu beobachten sind.

Wie viele und welche Fremdsprachen sollten Kinder und Jugendliche in der Schule lernen?

Welche Vor- und Nachteile bringt das Lernen mehrerer Fremdsprachen an der Schule mit sich?

- Stellen Sie Überlegungen zu diesen Fragen an und begründen Sie Ihre Meinung.
- Gehen Sie auch auf die Situation in Ihrem Heimatland ein.

Kein Material auf dieser Seite

Mündlicher Ausdruck

Musterprüfung 5

Zeit: 30 Minuten
Zusätzlich 5 Minuten für die Anleitung

Kein Material auf dieser Seite

Im Prüfungsteil „Mündlicher Ausdruck" sollen Sie zeigen, wie gut Sie Deutsch sprechen.

Dieser Teil besteht aus insgesamt sieben Aufgaben, in denen Ihnen unterschiedliche Situationen aus dem Universitätsleben vorgestellt werden. Sie sollen sich zum Beispiel informieren, Auskunft geben oder Ihre Meinung sagen.

Jede Aufgabe besteht aus zwei Teilen: Im ersten Teil wird die Situation beschrieben, in der Sie sich befinden, und es wird gesagt, was Sie tun sollen. Danach haben Sie Zeit, sich darauf vorzubereiten, was Sie sagen möchten. Im zweiten Teil der Aufgabe spricht „Ihr Gesprächspartner" oder „Ihre Gesprächspartnerin". Bitte hören Sie gut zu und antworten Sie dann.

Zu jeder Aufgabe gibt es zwei Zeitangaben: Es gibt eine „Vorbereitungszeit" und eine „Sprechzeit".

Die „Vorbereitungszeit" gibt Ihnen Zeit zum Nachdenken, z. B. eine halbe Minute, eine ganze Minute, bis zu drei Minuten.

Sie: Vorbereitungszeit

In dieser Zeit können Sie sich in Ihrem Aufgabenheft Notizen machen.

Nach der „Vorbereitungszeit" hören Sie „Ihren Gesprächspartner" oder „Ihre Gesprächspartnerin", danach sollen Sie sprechen. Dafür haben Sie je nach Aufgabe zwischen einer halben Minute und zwei Minuten Zeit.

Sie: Sprechzeit

Es ist wichtig, dass Sie die Aufgabenstellung berücksichtigen und auf das Thema eingehen. Wenn Sie dazu aufgefordert werden, sagen Sie, was Sie zum Thema denken. Bewertet wird nicht, welche Meinung Sie dazu haben, sondern wie Sie Ihre Gedanken formulieren.

Die Angabe der Sprechzeit bedeutet nicht, dass Sie so lange sprechen müssen. Sagen Sie, was Sie sich überlegt haben. Hören Sie ruhig auf, wenn Sie meinen, dass Sie genug gesagt haben. Wenn die vorgesehene Zeit für Ihre Antwort nicht reicht, dann ist das kein Problem. Für die Bewertung Ihrer Antwort ist es nicht wichtig, ob Sie Ihren Satz ganz fertig gesprochen haben. Es ist aber auch nicht notwendig, dass Sie nach dem Signalton sofort aufhören zu sprechen.

Ihre Antworten werden aufgenommen. Bitte sprechen Sie deshalb laut und deutlich.

Vielen Dank.

An Ihrer Hochschule gibt es einen Kurs für Studierende, die Schwierigkeiten beim Schreiben von Referaten, Hausarbeiten und anderen Texten haben. Sie interessieren sich für diesen Kurs und rufen beim Studentenwerk an.

Sagen Sie, wer Sie sind und warum Sie anrufen.
Erkundigen Sie sich nach Einzelheiten zum Schreibkurs.

Sie: Vorbereitungszeit

Herr Lehmann:

Sie: Sprechzeit

Sie sehen zusammen mit Katja, einer Studienkollegin, im Fernsehen einen Film über die Stadt Köln und den Rhein. Katja fragt Sie nach einer schönen Stadt in Ihrem Land.

Erklären Sie Katja,
– **welche Stadt Ihnen in Ihrer Heimat besonders gut gefällt,**
– **in welcher Landschaft diese Stadt liegt,**
– **warum sich ein Besuch dieser Stadt lohnen würde.**

Sie: Vorbereitungszeit

Katja:

Sie: Sprechzeit

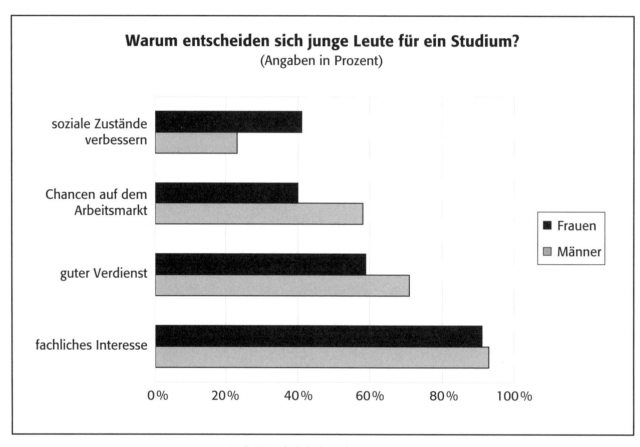

Warum entscheiden sich junge Leute für ein Studium?
(Angaben in Prozent)

Nach: HIS Hochschul-Informations-System, 2007

In Ihrem Landeskundekurs geht es heute um das Studium in Deutschland. Herr Meier, Ihr Lehrer, hat an alle Kursteilnehmer eine Grafik verteilt, die zeigt, aus welchen Gründen sich junge Männer und Frauen entschieden haben, ein Studium aufzunehmen. Herr Meier bittet Sie, diese Grafik zu beschreiben.

Erklären Sie den anderen Teilnehmern zunächst den Aufbau der Grafik.
Fassen Sie dann die Informationen der Grafik zusammen.

Sie: Vorbereitungszeit

Herr Meier:

Sie: Sprechzeit

In einer Diskussionsveranstaltung an Ihrer deutschen Hochschule geht es heute um die Reform von Studiengängen. Ein Bildungspolitiker fordert, dass nicht nur fachliche Noten auf dem Examenszeugnis stehen sollen, sondern auch zusätzliche Qualifikationen wie z. B. Kommunikationskompetenz, Teamfähigkeit und Engagement. Auch diese Fertigkeiten jedes Studenten sollen benotet werden.

Sie möchten zu dieser Forderung Stellung nehmen. Die Diskussionsleiterin, Frau Prof. Rohde, erteilt Ihnen das Wort.

Nehmen Sie Stellung zu der Forderung weitere Qualifikationen von Studierenden zu bewerten:
- **Wägen Sie Vorteile und Nachteile ab.**
- **Begründen Sie Ihre Zustimmung oder Ablehnung.**

Sie: Vorbereitungszeit

3 Minuten

Frau Prof. Rohde:
...

2 Minuten

Sie: Sprechzeit

Aufgabe 5

Ihre Freundin Simone hat nach dem Abitur eine Ausbildung zur Krankenschwester gemacht. Sie hat nun schon drei Jahre in diesem Beruf gearbeitet. Simone ist aber unzufrieden mit ihrer beruflichen Situation. Deshalb überlegt sie, ob sie ihre Stelle aufgeben und ein Medizinstudium beginnen soll. Das Studium würde etwa sechs Jahre dauern. Simone ist unsicher, ob sie das wagen soll, und fragt Sie um Rat.

Sagen Sie Simone, wozu Sie ihr raten:
– **Wägen Sie die Vorteile und Nachteile ab.**
– **Begründen Sie Ihre Entscheidung.**

Sie: Vorbereitungszeit

Simone:

Sie: Sprechzeit

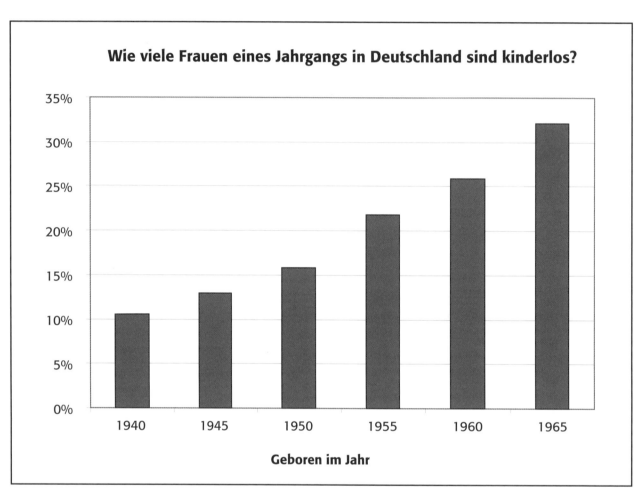

Wie viele Frauen eines Jahrgangs in Deutschland sind kinderlos?

Geboren im Jahr

Nach: Herwig Birg: Die demographische Zeitenwende, 4. Aufl., 2005

In Ihrem sozialwissenschaftlichen Seminar sprechen Sie über den demografischen Wandel in Deutschland. Ihr Dozent, Herr Prof. Reinert, hat eine Grafik ausgeteilt, die zeigt, wie viel Prozent der Frauen eines Jahrgangs keine Kinder haben. Im Seminar sprechen Sie über die Gründe dieser Entwicklung und Maßnahmen zur Lösung dieses Problems. Herr Prof. Reinert bittet Sie, Ihre Überlegungen vorzutragen.

Nennen Sie mögliche Gründe der dargestellten Entwicklung.
Stellen Sie dar, was getan werden kann, damit mehr Frauen in Deutschland Kinder bekommen.
Begründen Sie Ihre Überlegungen anhand der Grafik.

Sie: Vorbereitungszeit

Herr Prof. Reinert: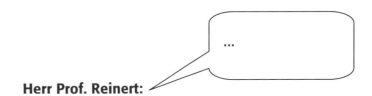

Sie: Sprechzeit

Ihre deutsche Freundin Marie überlegt, ob sie näher zur Hochschule ziehen soll. Im Moment wohnt sie in der Nachbarstadt und muss täglich eine Stunde mit Bus und Bahn zur Uni fahren. An ihrem Wohnort wohnen aber fast alle ihre Freunde. Marie kann sich nicht entscheiden, ob sie umziehen soll. Sie sucht Ihren Rat.

Sagen Sie Marie, wozu Sie ihr raten.
Begründen Sie Ihre Empfehlung.

Sie: Vorbereitungszeit

Marie:

Sie: Sprechzeit

Anhang

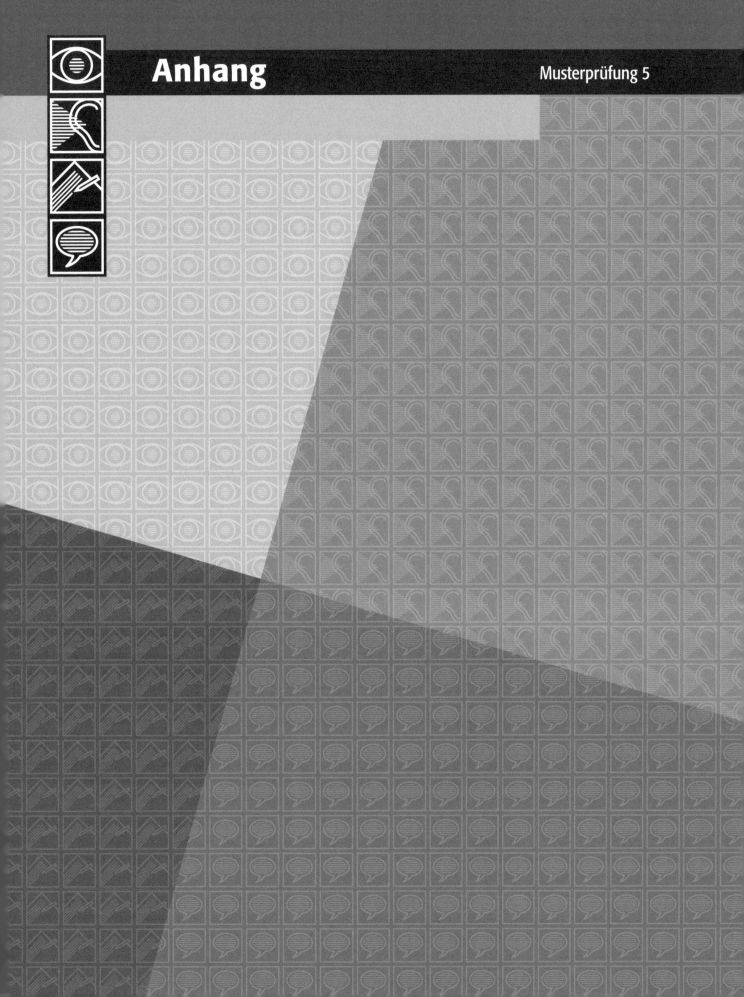

Lösungen Lesetext 1 (S. 12/13)

	B	C	D	E	F	G	H	I
1				☒				
2						☒		
3		☒						
4	☒							
5								☒
6								☒
7					☒			
8								☒
9							☒	
10			☒					

Lösungen Lesetext 2 (S. 14/15)

	A	B	C
11		☒	
12	☒		
13		☒	
14	☒		
15			☒
16		☒	
17		☒	
18	☒		
19		☒	
20	☒		

Lösungen Lesetext 3 (S. 16/17)

	Ja	Nein	Text sagt dazu nichts
21	☒		
22	☒		
23		☒	
24	☒		
25	☒		
26			☒
27		☒	
28		☒	
29	☒		
30			☒

Lösungen Hörtext 1 (S. 25)

		r	f	nb
1	Ist billiger / das spart Geld / sie hat kein Geld / es ist nicht weit weg	☐	☐	☐
2	In Belgien / in Brüssel	☐	☐	☐
3	Politikseminar / Politik	☐	☐	☐
4	Das Europaparlament / EU Parlament / Europäisches Parlament	☐	☐	☐
5	In den großen Saal (des Parlaments) / Saal des Parlaments / in den Hauptsaal	☐	☐	☐
6	Landwirtschaft (in der EU) / Agrarpolitik	☐	☐	☐
7	Nicht interessant / langweilig / hat ihm nicht gefallen	☐	☐	☐
8	(Belegte) Brötchen	☐	☐	☐

Hier bitte _nicht_ schreiben

Lösungen Hörtext 2 (S. 27)

	Richtig	Falsch
9	☒	☐
10	☒	☐
11	☐	☒
12	☐	☒
13	☐	☒
14	☒	☐
15	☒	☐
16	☐	☒
17	☒	☐
18	☐	☒

Bitte markieren Sie die richtige Antwort mit einem – **schwarzen oder blauen** – Kugelschreiber!

Markieren Sie so: ☒

NICHT so: ⤬☐ ☒ ⊠ ☑ ⊙

Wenn Sie **korrigieren** möchten, füllen Sie das falsch markierte Feld ganz aus: ■ und markieren dann das richtige Feld: ☒

Lösungen Hörtext 3 (S. 29) | Hier bitte *nicht* schreiben

		r	f	nb
19	Man braucht Daten, kann aber nicht am PC sitzen / Man muss etwas aufschreiben (im Auto) und hat die Hände nicht frei.	☐	☐	☐
20	• (Schutz) vor Schadstoffen in der Luft / Schutz vor Gasen • Gas-Sensor zur Messung der Luftqualität • Gassensor, der zeigt, wann man Raum verlassen muss • Jacke mit Sensoren warnen vor Gefahr (wie z. B. Gas)	☐		☐
21	• (sind immer noch) zu groß und zu schwer / sind nicht klein genug • muss man beim Waschen rausnehmen / sind nicht gut genug entwickelt	☐	☐	☐
22	• durch Sensoren, die Körperdaten erfassen • durch Geschwindigkeitsmesser • durch Versorgung mit einer Fülle von Daten • durch Informationsaufnahme beim Sport	☐	☐	☐
23	Bei der Überwachung von Risiko-Patienten / bei der Überwachung von Kranken / in der Wäsche von Risiko-patienten	☐	☐	☐
24	• (Textilien), die medizinische Wirkstoffe (z. B. als Creme) freisetzen / (Textilien), die Körpercreme freisetzen • (Textilien) mit Mikrokapseln und Wirkstoffen • (Stoffe/Textilien), die Hautkrankheiten behandeln helfen	☐	☐	☐
25	• (Produkte), die Gesundheit und „Wellness" fördern / (Produkte) für Wellness, Gesundheit, Kosmetik • das Wohlbefinden des Kunden steigern • Hemden mit Duftstoffen / Produkte, die Duftstoffe freisetzen • Strumpfhosen mit Pflegesubstanz	☐	☐	☐

Erläuterung:

„/"   Antworten sind alternativ möglich.

„( )" nicht notwendige Angabe.

r = richtig,   f = falsch,   nb = nicht beantwortet

Es werden auch Lösungen zugelassen, die sinngemäß stimmen.

Grammatikalische Korrektheit wird nur berücksichtigt, wenn das Verständnis erheblich beeinträchtigt oder unmöglich ist.

Texte zum Hörverstehen: Hörtext 1 „Exkursion mit dem Professor"

Länge: ca. 2,5 Minuten

Axel:
Hallo Tina. Was für ein Zufall!

Tina:
Hallo Axel, wie geht's?

Axel:
Ganz gut, und dir? Was machst Du denn hier am Bahnhof?

Tina:
Ich bin auf dem Weg zu meinen Eltern. Zurzeit fahre ich jedes Wochenende nach Hause. Das ist ja nicht weit und es ist billiger als hier zu bleiben. Dort brauche ich kein Geld für Lebensmittel auszugeben. – Und du? Was machst du hier am Freitagabend? Warst du verreist?

Axel:
Ja klar. Ich war ein paar Tage in Belgien und komme gerade aus Brüssel zurück. Jetzt bin ich total fertig. Wir haben natürlich wenig geschlafen.

Tina:
Wie, du machst mitten im Semester Urlaub?

Axel:
Nein, nein, das war keine Urlaubsreise, sondern eine Exkursion mit dem Politikseminar. Wir mussten alle mit unserem Professor fahren, weil wir sonst keinen Seminarschein bekommen.

Tina:
Hört sich nicht so gut an.

Axel:
So schlecht war das gar nicht. Die Stadt ist unwahrscheinlich schön, wenigstens im Zentrum. Dort gibt es wunderschöne alte Häuser. Der Hauptzweck der Exkursion war allerdings ein Besuch beim Europaparlament. Da sind wir fast einen ganzen Tag gewesen.

Tina:
Und, was habt ihr da gemacht? Habt ihr an einer Sitzung teilgenommen oder mit irgendwelchen Abgeordneten gesprochen?

Axel:
Naja, eigentlich sollten wir zu einer Sitzung in den großen Saal des Parlaments, aber weil dort ein paar Politiker aus Osteuropa zu einem offiziellen Besuch waren, durften wir nicht rein. Das war für uns natürlich sehr schade. Schließlich hatte uns unser Prof. schon Monate vorher für den Besuch angemeldet.

Tina:
Wie ärgerlich!

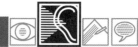
Axel:

Wir waren stattdessen in einem kleineren Saal, in dem die Arbeitsgruppen der Abgeordneten zusammenkommen. Wir haben uns einen Vortrag über die Landwirtschaft in der Europäischen Union angehört.

Tina:

(lacht) – Seit wann interessierst du dich denn für die Bauern? Agrarpolitik war doch noch nie deine Stärke. Das war doch bestimmt suuuperinteressant.

Axel:

Naja, unser Professor wusste mehr als der Referent. Und für uns war das meiste auch nicht neu. Also, ich fand's nicht so interessant.
Als wir dann aber am späten Nachmittag endlich wieder draußen waren, hatten wir noch ein nettes Erlebnis. Da kam nämlich eine Frau mit einem großen Korb aus dem Parlament an uns vorbei, und als sie uns junge Leute sah, blieb sie stehen und sprach uns an. Dann holte sie aus dem Korb jede Menge lecker belegte Brötchen, die die Abgeordneten nicht gegessen hatten, und verteilte sie an uns arme Studenten.

Tina:

Ach, das ist ja wirklich nett. Was für ein guter Abschluss für die Reise.

Texte zum Hörverstehen: Hörtext 2 „Semesterferien in den Bergen"

Länge: ca.: 4 Minuten
Nach: Deutschlandradio, Campus und Karriere 26.2.2001 „Semesterferien auf der Alp"
          und Web-Seite http://www.zalp.ch

Interviewerin:
Jedes Jahr arbeiten viele deutsche Studenten in den Semesterferien bei Schweizer Bergbauern. In den Sommermonaten bringen sie Schafe, Rinder, Ziegen oder Kühe zum Weiden auf die Alp, also hoch hinauf auf die Bergwiesen, und produzieren Käse. Warum machen die jungen Leute aus dem Flachland diese harte Arbeit in der rauen Natur? Wir fragten dazu Olaf Seifert, Student an der Gesamthochschule Kassel in Witzenhausen.

Seifert:
Ich kann auf der Alp einfach praktische Erfahrungen in meinem Studienfach Landwirtschaft sammeln und habe außerdem auf diese Weise ein obligatorisches Praktikum im Studium erledigt. Denn dieser Arbeitsaufenthalt bei einem Schweizer Bergbauern wird von der Hochschule als Praktikum anerkannt. Also, ich bin dieses Jahr schon zum zweiten Mal dabei.

Interviewerin:
Ich glaube, eine reine Bergidylle erwartet die Praktikanten aber nicht, sondern harte Arbeit. Wie sieht denn Ihr Arbeitstag beim Bergbauern aus?

Seifert:
Ja also, um vier Uhr aufstehen, die Kühe melken, sie den Berg hinauf auf die Hochweide treiben, den Stall sauber machen und die Milch für den Käse kochen – und das alles jeden Tag. Man kann nicht sagen, das schaffe ich heute nicht, das mache ich morgen. Ich hatte zu Anfang häufig das Gefühl, dass ich überfordert war. Umso schöner war es dann nach einem Monat, als es dann doch funktioniert hat.

Interviewerin:
Professor Spatz, Sie sind Experte für Grünlandökologie am Fachbereich Agrarwissenschaften der Gesamthochschule Kassel, wie sehen Sie die Arbeit in den Bergen?

Prof. Spatz:
Drei Monate auf der Alp sind eine Herausforderung, immerhin gibt es je nach Größe des Betriebs mehrere Tonnen Käse zu produzieren. Einzelkämpfer sind dort nicht gefragt, man muss schon im Team arbeiten können. In Gruppen zu dritt oder zu viert betreut man etwa 100 Ziegen oder Kühe. Disziplin und gutes Zeitmanagement sind unbedingt notwendig, denn die Tiere können nicht warten. Außerdem muss man mit den Schwierigkeiten der Umwelt zurechtkommen. Interessierten Studenten kann ich daher nur empfehlen, sich gut zu informieren bevor sie sich entscheiden, auf solchen Alpen zu arbeiten.

Interviewerin:
An wen können sich die Studierenden denn wenden, wenn sie sich vorher informieren wollen?

Prof. Spatz:
Neuerdings bieten Landwirtschaftsstudenten, die solch ein Praktikum bei Bergbauern absolviert haben, dafür einen Informationstag an der Hochschule an.

Übrigens, nicht nur den Studierenden ist mit diesem Arbeitsaufenthalt geholfen, sondern die Schweizer Bauern haben ebenfalls etwas davon und sind froh über die Hilfe. Denn ohne diese Saisonarbeiter aus dem Ausland wäre die traditionelle Bewirtschaftung ihrer Bergweiden nicht mehr möglich.

Interviewerin:
Herr Seifert, wie haben Sie denn Ihren Praktikumsplatz in den Bergen gefunden?

Seifert:
Also ich kenne einen Studenten bei uns an der Uni, der schon mal bei einem Schweizer Bergbauern war. Er hat mir den Kontakt vermittelt und ich habe bei dem Bauern direkt nachgefragt.

Aber man kann sich auch an die Stellenvermittlung bei der SAB wenden, das ist die Schweizerische Arbeitsgemeinschaft für die Berggebiete. Dort werden alle Stellensuchenden und alle offenen Stellen auf den Berghöfen registriert. Beim ersten Mal ist es immer schwer etwas zu finden, denn die Bergbauern wollen natürlich lieber jemanden mit Erfahrung haben. Als Anfänger ist es gut, wenn man auf einen großen Hof geht mit vielen Saisonarbeitern, dann kann man von den anderen lernen.

Interviewerin:
Verdient man denn auch genug Geld für diese harte Arbeit?

Seifert:
Ja, der Lohn ist für einen Studenten schon in Ordnung. Man bekommt Essen und Unterkunft frei und außerdem genügend Geld, um etwas für das Semester zu sparen und zu Hause die Miete zu bezahlen.

Interviewerin:
Damit sind wir am Ende unserer Sendung. Wer jetzt Lust auf die Schweizer Berge bekommen hat, findet unter der Schweizer Internetadresse www.zalp.ch viele nützliche Informationen und Tipps zu diesem Thema.

Texte zum Hörverstehen: Hörtext 3 „Intelligente Kleidung"

Länge: ca. 5 Minuten
Nach: SWR2 Wissen, Sendung vom 29.10.2003, „Beheizbare Jacken und massierende Hemden –
            Ingenieure und Modeschöpfer erfinden „intelligente Kleidung" (Autorin: Peggy Fuhrmann).

Interviewer:
Kleidung schützt nicht mehr allein gegen Wind und Kälte, sondern wird zukünftig ihre Träger beispielsweise auch mit Internet und Mobilfunk verbinden. Auf diesem Gebiet arbeitet das Klaus-Steilmann-Institut – ein privates Textil-Forschungsinstitut – mit Mikro-Elektronik-Fachleuten zusammen. Sie wollen Geräte wie Telefon, Sprachcomputer oder auch einen kompletten PC möglichst elegant in die Kleidung integrieren. Unser Gast heute ist Frau Hartmann – die Managerin des Klaus-Steilmann-Instituts. Frau Hartmann, wann benötige ich denn einen kleinen Computer, sagen wir, in der Jacke oder Weste?

Dörte Hartmann:
So etwas wird teilweise schon in der Berufsbekleidung eingesetzt. Sehen Sie, man hat doch manchmal das Problem, dass man komplexe Daten zur Verfügung haben muss, aber nicht am PC sitzen kann. Das passiert häufig bei Montage- oder Wartungsarbeiten. In solchen Situationen ist ein kleiner Computer im Ärmel integriert sehr praktisch.
Oder nehmen wir ein anderes Beispiel, eine von uns entwickelte Weste, in der ein winziges Diktiergerät steckt. Mit der kann man unterwegs kleine Nachrichten aufnehmen, z. B. im Auto, wenn einem etwas einfällt und man gerade nicht schreiben kann.
Aber es gibt auch ganz andere Einsatzgebiete für mikroelektronisch ausgerüstete Kleidungsstücke, beispielsweise in verschiedenen Arten von Schutzbekleidung. Ich denke da an eine Jacke mit integriertem Gas-Sensor. Wenn z. B. die Qualität der Luft unter ein bestimmtes Niveau absinkt, wenn also eine erhöhte Konzentration von Schadstoffen in der Luft entsteht, dann gibt dieser Sensor in der Jacke ein Alarmsignal, damit man weiß, man sollte möglichst schnell den Raum verlassen.

Interviewer:
Wie weit sind Sie denn in der Entwicklung solcher Textilien – ist so etwas schon auf dem Markt?

Dörte Hartmann:
Nun, die meisten unserer tragbaren Computer sind für eine allgemeine Vermarktung noch nicht gut genug entwickelt. Denn obwohl die elektronischen Bauteile in den letzten Jahren immer kleiner wurden, sind sie immer noch zu groß und zu schwer, um sie einigermaßen unauffällig mit der Kleidung zu verbinden. Außerdem stecken diese Geräte fast immer separat in speziellen Taschen, weil sie vor dem Waschen herausgenommen werden müssen.

Interviewer:
Die meisten Anwendungen scheinen ja für den Berufsalltag vorgesehen zu sein. Gibt es eigentlich auch Ideen, „intelligente Kleidung" für den Normalbürger zu entwickeln?

Dörte Hartmann:
Die gibt es, natürlich, denn auch Hersteller von Freizeitbekleidung sehen durchaus einen Markt für elektronisch ausgerüstete Textilien. Als besonders interessante Zielgruppe betrachten sie Jogger und andere sportlich Aktive. Man könnte diese Menschen künftig mit einer Fülle von Daten versorgen, während sie joggen, Marathon laufen oder andere Ausdauersportarten ausüben. So etwas ist relativ leicht möglich mit bestimmten Sensoren, die z. B. die Geschwindigkeit messen und verschiedene Körperdaten erfassen.

Interviewer:
Wären denn solche Anwendungen nicht auch für den medizinischen Bereich interessant?

Dörte Hartmann:
Selbstverständlich – die Idee, Kleidung mit Sensoren zu versehen, stammt ja ursprünglich sogar aus der Medizin. Ärzte und Ingenieure arbeiten z. B. an der Entwicklung von Wäsche, mit deren Hilfe sich Risiko-Patienten rund um die Uhr überwachen lassen, ohne dass die Kranken an medizinische Geräte angeschlossen werden müssen.

Aber im medizinischen Bereich erforscht man noch ganz andere Einsatzmöglichkeiten von Textilien. Und zwar geht es dabei nicht nur um den Einsatz von Mikroelektronik, sondern auch um chemische Wirkstoffe, mit denen man Textilien für medizinische Zwecke präpariert. Zurzeit sind Mediziner und Chemiker dabei, Textilien zu entwickeln, die über Mikro-Kapseln solche Wirkstoffe freisetzen, z. B. als Creme. Auf diese Weise hofft man, Hautkrankheiten besser behandeln zu können.

Und von solchen medizinischen Anwendungen ist es im Prinzip nur noch ein kleiner Schritt hin zu rein kosmetischen Zusätzen, die man in Textilien einbringt. Unser Institut hat da eine Reihe von neuartigen Kleidungsstücken entworfen, wie z. B. Hemden, die Duftstoffe freisetzen oder Strumpfhosen, die Pflegesubstanzen an die Haut abgeben. Wir sind ganz optimistisch, dass wir damit gute Absatzchancen haben, denn besonders gefragt sind heutzutage nun mal Produkte, die die Gesundheit und „Wellness" fördern, also das Wohlbefinden des Kunden steigern.

Interviewer:
Frau Hartmann, herzlichen Dank für das Gespräch.

Mündlicher Ausdruck

Musterprüfung 5

Zeit: 30 Minuten
Zusätzlich 5 Minuten für die Anleitung

Masterbandmanuskript

Seite 2	Musterprüfung 5	Mündlicher Ausdruck
	Masterbandmanuskript	

TestDaF, Musterprüfung 5, Prüfungsteil „Mündlicher Ausdruck".

(2 Sek.)

Bevor wir mit der Prüfung beginnen, überprüfen Sie bitte Folgendes:

Ist Ihr Aufnahmegerät bereit?

(5 Sek.)

Funktioniert das Mikrofon?

(5 Sek.)

Wenn es Schwierigkeiten gibt, bitte melden Sie sich!

(8 Sek.)

Bitte drücken Sie nun die Aufnahmetaste Ihres Kassettenrekorders (wenn dies nicht automatisch geschieht) oder starten Sie die Aufnahme per Mausklick auf Ihrem Computerbildschirm.

(2 Sek.)

Wenn es Schwierigkeiten gibt, bitte melden Sie sich!

(5 Sek.)

Bevor wir mit der Prüfung beginnen, benötige ich allgemeine Informationen von Ihnen.

(2 Sek.)

Sie hören nun einen Signalton (SIGNALTON). Bitte nennen Sie nach dem Signalton Ihre Teilnehmernummer.

(Signalton – 8 Sek.)

Nach dem nächsten Signalton nennen Sie bitte das heutige Datum.

(Signalton – 5 Sek.)

Danke. Bitte nehmen Sie nun das Aufgabenheft zur Hand und lesen Sie die allgemeinen Anweisungen auf Seite 3. Ich lese sie Ihnen vor.

(5 Sek.)

Im Prüfungsteil „Mündlicher Ausdruck" sollen Sie zeigen, wie gut Sie Deutsch sprechen.

Dieser Teil besteht aus insgesamt 7 Aufgaben, in denen Ihnen unterschiedliche Situationen aus dem Universitäts-leben vorgestellt werden. Sie sollen sich zum Beispiel informieren, Auskunft geben oder Ihre Meinung sagen.

Jede Aufgabe besteht aus zwei Teilen: Im ersten Teil wird die Situation beschrieben, in der Sie sich befinden, und es wird gesagt, was Sie tun sollen. Danach haben Sie Zeit, sich darauf vorzubereiten, was Sie sagen möchten. Im zweiten Teil der Aufgabe spricht „Ihr Gesprächspartner" oder „Ihre Gesprächspartnerin". Bitte hören Sie gut zu und antworten Sie dann.

Zu jeder Aufgabe gibt es zwei Zeitangaben: Es gibt eine „Vorbereitungszeit" und eine „Sprechzeit".

Die „Vorbereitungszeit" gibt Ihnen Zeit zum Nachdenken, z. B. eine halbe Minute, eine ganze Minute, bis zu drei Minuten. In dieser Zeit können Sie sich in Ihrem Aufgabenheft Notizen machen.

Nach der „Vorbereitungszeit" hören Sie „Ihren Gesprächspartner" oder „Ihre Gesprächspartnerin", danach sollen Sie sprechen. Dafür haben Sie je nach Aufgabe zwischen einer halben Minute und zwei Minuten Zeit.

Es ist wichtig, dass Sie die Aufgabenstellung berücksichtigen und auf das Thema eingehen. Wenn Sie dazu aufgefordert werden, sagen Sie, was Sie zum Thema denken. Bewertet wird nicht, welche Meinung Sie dazu haben, sondern wie Sie Ihre Gedanken formulieren.

Die Angabe der Sprechzeit bedeutet nicht, dass Sie so lange sprechen müssen. Sagen Sie, was Sie sich überlegt haben. Hören Sie ruhig auf, wenn Sie meinen, dass Sie genug gesagt haben. Wenn die vorgesehene Zeit für Ihre Antwort nicht reicht, dann ist das kein Problem. Für die Bewertung Ihrer Antwort ist es nicht wichtig, ob Sie Ihren Satz ganz fertig gesprochen haben. Es ist aber auch nicht notwendig, dass Sie nach dem Signalton sofort aufhören zu sprechen.

Ihre Antworten werden aufgenommen. Bitte sprechen Sie deshalb laut und deutlich.

Vielen Dank.

(2 Sek.)

Wir beginnen nun mit dem Prüfungsteil „Mündlicher Ausdruck". Bitte schlagen Sie die Seite 5 des Aufgabenheftes auf.

(2 Sek.)

In der ersten Aufgabe sollen Sie Informationen erfragen. Ich lese Ihnen die Aufgabe vor, Sie lesen sie bitte mit. Danach haben Sie eine halbe Minute Zeit zum Überlegen. Anschließend hören Sie „Ihren Gesprächspartner" bzw. „Ihre Gesprächspartnerin". Dann sprechen Sie. Bei dieser Aufgabe haben Sie eine halbe Minute Zeit zum Sprechen. Ein Signalton (SIGNALTON) zeigt Ihnen an, dass Sie noch fünf Sekunden Antwortzeit haben. Sprechen Sie dann in Ruhe Ihren Satz zu Ende. Danach folgt dann die nächste Aufgabe.

(2 Sek.)

Aufgabe 1

(2 Sek.)

An Ihrer Hochschule gibt es einen Kurs für Studierende, die Schwierigkeiten beim Schreiben von Referaten, Hausarbeiten und anderen Texten haben. Sie interessieren sich für diesen Kurs und rufen beim Studentenwerk an.

Sagen Sie, wer Sie sind und warum Sie anrufen.
Erkundigen Sie sich nach Einzelheiten zum Schreibkurs.

(30 Sek. PAUSE)

Männliche Stimme:

Studentenwerk. Stefan Lehmann, guten Tag.

(25 Sek. PAUSE – SIGNALTON – 5 Sek. PAUSE)

Bitte schlagen Sie die Seite 7 auf. Wir kommen nun zu Aufgabe 2. In dieser Aufgabe sollen Sie über Ihr Heimatland berichten.

(2 Sek.)

Bitte lesen Sie die Aufgabe 2. Ich lese sie Ihnen vor. Für diese Aufgabe haben Sie eine Minute Zeit zum Überlegen und eine Minute Zeit zum Sprechen.

(2 Sek.)

Aufgabe 2

(2 Sek.)

Sie sehen zusammen mit Katja, einer Studienkollegin, im Fernsehen einen Film über die Stadt Köln und den Rhein. Katja fragt Sie nach einer schönen Stadt in Ihrem Land.

Erklären Sie Katja,
– welche Stadt Ihnen in Ihrer Heimat besonders gut gefällt,
– in welcher Landschaft diese Stadt liegt,
– warum sich ein Besuch dieser Stadt lohnen würde.

(1 Min. PAUSE)

Weibliche Stimme:

Sag mal, gibt's bei euch auch so eine schöne Stadt?

(55 Sek. PAUSE – SIGNALTON – 5 Sek. PAUSE)

Schlagen Sie nun die Seiten 8 und 9 auf. Wir kommen nun zu einer Aufgabe, in der Sie eine Grafik beschreiben sollen. Sie finden die Aufgabe 3 auf der rechten Seite, links sehen Sie die Abbildung.

(2 Sek.)

Bitte lesen Sie die Aufgabe 3. Ich lese sie Ihnen vor. Für diese Aufgabe haben Sie eine Minute Zeit zum Überlegen und eine Minute und eine halbe Zeit zum Sprechen.

(2 Sek.)

Aufgabe 3

(2 Sek.)

In Ihrem Landeskundekurs geht es heute um das Studium in Deutschland. Herr Meier, Ihr Lehrer, hat an alle Kursteilnehmer eine Grafik verteilt, die zeigt, aus welchen Gründen sich junge Männer und Frauen entschieden haben, ein Studium aufzunehmen. Herr Meier bittet Sie, diese Grafik zu beschreiben.

Erklären Sie den anderen Teilnehmern zunächst den Aufbau der Grafik.
Fassen Sie dann die Informationen der Grafik zusammen.

(1 Min. PAUSE)

Männliche Stimme:

Beschreiben Sie uns doch bitte diese Grafik!

(1 Min. 25 Sek. PAUSE – SIGNALTON – 5 Sek. PAUSE)

Schlagen Sie nun die Seite 11 auf. Wir kommen nun zu einer Aufgabe, in der Sie Stellung nehmen sollen.

(2 Sek.)

Bitte lesen Sie die Aufgabe 4. Ich lese sie Ihnen vor. Bei dieser Aufgabe haben Sie drei Minuten Zeit zum Überlegen und zwei Minuten Zeit zum Sprechen.

(2 Sek.)

Aufgabe 4

(2 Sek.)

In einer Diskussionsveranstaltung an Ihrer deutschen Hochschule geht es heute um die Reform von Studiengängen. Ein Bildungspolitiker fordert, dass nicht nur fachliche Noten auf dem Examenszeugnis stehen sollen, sondern auch zusätzliche Qualifikationen wie z. B. Kommunikationskompetenz, Teamfähigkeit und Engagement. Auch diese Fertigkeiten jedes Studenten sollen benotet werden.
Sie möchten zu dieser Forderung Stellung nehmen. Die Diskussionsleiterin, Frau Prof. Rohde, erteilt Ihnen das Wort.

Nehmen Sie Stellung zu der Forderung weitere Qualifikationen von Studierenden zu bewerten:
– Wägen Sie Vorteile und Nachteile ab.
– Begründen Sie Ihre Zustimmung oder Ablehnung.

(3 Min. PAUSE)

Weibliche Stimme:

Ja, was halten Sie von dem Vorschlag, dass auf dem Examenszeugnis auch Kompetenzen benotet werden, die nicht das Studienfach betreffen?

(1 Min. 55 Sek. PAUSE – SIGNALTON – 5 Sek. PAUSE)

Schlagen Sie nun die Seite 13 auf. In der Aufgabe 5 sollen Sie eine von zwei Alternativen auswählen und sagen, warum Sie diese wählen.

(2 Sek.)

Bitte lesen Sie die Aufgabe 5. Ich lese sie Ihnen vor. Für diese Aufgabe haben Sie zwei Minuten Zeit zum Überlegen und eine Minute und eine halbe Zeit zum Sprechen.

(2 Sek.)

Aufgabe 5

(2 Sek.)

Ihre Freundin Simone hat nach dem Abitur eine Ausbildung zur Krankenschwester gemacht. Sie hat nun schon drei Jahre in diesem Beruf gearbeitet. Simone ist aber unzufrieden mit ihrer beruflichen Situation. Deshalb überlegt sie, ob sie ihre Stelle aufgeben und ein Medizinstudium beginnen soll. Das Studium würde etwa sechs Jahre dauern. Simone ist unsicher, ob sie das wagen soll, und fragt Sie um Rat.

Sagen Sie Simone, wozu Sie ihr raten:
– Wägen Sie die Vorteile und Nachteile ab.
– Begründen Sie Ihre Entscheidung.

(2 Min. PAUSE)

Weibliche Stimme:

Ich weiß wirklich nicht, was ich machen soll. Wozu würdest du mir denn raten?

(1 Min. 25 Sek. PAUSE – SIGNALTON – 5 Sek. PAUSE)

Schlagen Sie nun die Seite 15 auf. Wir kommen nun zu einer Aufgabe, in der Sie ein Thema diskutieren sollen. Dabei sollen Sie die Daten einer Grafik verwenden. Sie finden die Aufgabe 6 auf der rechten Seite, links sehen Sie die Abbildung.

(2 Sek.)

Bitte lesen Sie die Aufgabe 6. Ich lese sie Ihnen vor. Für diese Aufgabe haben Sie drei Minuten Zeit zum Überlegen und zwei Minuten Zeit zum Sprechen.

(2 Sek.)

Aufgabe 6

(2 Sek.)

In Ihrem sozialwissenschaftlichen Seminar sprechen Sie über den demografischen Wandel in Deutschland. Ihr Dozent, Herr Prof. Reinert, hat eine Grafik ausgeteilt, die zeigt, wie viel Prozent der Frauen eines Jahrgangs keine Kinder haben. Im Seminar sprechen Sie über die Gründe dieser Entwicklung und Maßnahmen zur Lösung dieses Problems. Herr Prof. Reinert bittet Sie, Ihre Überlegungen vorzutragen.

Nennen Sie mögliche Gründe der dargestellten Entwicklung.
Stellen Sie dar, was getan werden kann, damit mehr Frauen in Deutschland Kinder bekommen.
Begründen Sie Ihre Überlegungen anhand der Grafik.

(3 Min. PAUSE)

Männliche Stimme:

Ja, tragen Sie uns doch bitte Ihre Überlegungen vor.

(1 Min. 55 Sek. PAUSE – SIGNALTON – 5 Sek. PAUSE)

Schlagen Sie nun die Seite 17 auf. In der Aufgabe 7 sollen Sie zu einem Vorschlag Ihre Meinung sagen.

(2 Sek.)

Bitte lesen Sie die Aufgabe 7. Ich lese sie Ihnen vor. Bei dieser Aufgabe haben Sie eine Minute und eine halbe Zeit zum Überlegen und eine Minute und eine halbe Zeit zum Sprechen.

(2 Sek.)

Aufgabe 7

(2 Sek.)

Ihre deutsche Freundin Marie überlegt, ob sie näher zur Hochschule ziehen soll. Im Moment wohnt sie in der Nachbarstadt und muss täglich eine Stunde mit Bus und Bahn zur Uni fahren. An ihrem Wohnort wohnen aber fast alle ihre Freunde. Marie kann sich nicht entscheiden, ob sie umziehen soll. Sie sucht Ihren Rat.

Sagen Sie Marie, wozu Sie ihr raten.
Begründen Sie Ihre Empfehlung.

(1 Min. 30 Sek. PAUSE)

Weibliche Stimme:

Soll ich umziehen oder lieber hier wohnen bleiben? Was meinst du?

(1 Min. 25 Sek. PAUSE – SIGNALTON – 5 Sek. PAUSE)

Dies war die letzte Aufgabe. Vielen Dank.

(2 Sek.)

Ende des Prüfungsteils „Mündlicher Ausdruck".

Aufgabe	Stimulus
1. Aufgabe	**Herr Lehmann:** *Studentenwerk. Stefan Lehmann, guten Tag.*
2. Aufgabe	**Katja:** *Sag mal, gibt´s bei euch auch so eine schöne Stadt?*
3. Aufgabe	**Herr Meier:** *Beschreiben Sie uns doch bitte diese Grafik!*
4. Aufgabe	**Frau Prof. Rhode:** *Ja, was halten Sie von dem Vorschlag, dass auf dem Examenszeugnis auch Kompetenzen benotet werden, die nicht das Studienfach betreffen?*
5. Aufgabe	**Simone:** *Ich weiß wirklich nicht, was ich machen soll. Wozu würdest du mir denn raten?*
6. Aufgabe	**Herr Prof. Reinert:** *Ja, tragen Sie uns doch bitte Ihre Überlegungen vor.*
7. Aufgabe	**Marie:** *Soll ich umziehen oder lieber hier wohnen bleiben? Was meinst du?*